JN411112

고정관념이
개똥벌레에게
끼치는 영향

윤명수 시집

문학의전당 시인선
158

고정관념이 개똥벌레에게 끼치는 영향

윤명수 시집

문학의전당

시인의 말

시는 결코 맨살로 찾아오지 않았다

시는 늘 너무 멀리 있었다

가까이 다가가면 더 멀리 있었다

사막에서 샘물을 찾을 때까지

시에서 뼛국물이 나올 때까지

아마도 더 긴 여행을 해야 할 것 같다

따뜻한 이 봄, 지인들과 술 한잔 나누고 싶다

2013년 봄
윤명수

차례

제2부 애기똥풀꽃에 대한 보고서

제3부 어린 왕자의 죽음

제4부 불멸을 보다

제1부 달의 뒷면을 보았다

칠성무당벌레

칠성무당벌레 한 마리가
손바닥 위에서 괘를 살피고 있다
등짝을 잔뜩 웅크린 채
더듬이를 세워 찬찬히 손금을 살피고 있다
놈은 이미 천도(天道)를 알고 있다는 듯
내 손바닥을 읽어가며
제 발바닥으로 내 운명을 점치고 있다
지금 놈에겐 점괘가 나와 있을 터
우주 빅뱅의 비밀을 알려주려는 건지
하늘과 땅 사이에 가로막힌
길을 찾아주려는 건지
뭔가를 골똘히 생각하고 있다
손바닥 끝이 곧 지구의 끝이라는 것일까
지구의 무게를 떨쳐버리고
하늘 높이 날아오른다
곧 화려한 굿판이 벌어질 것이다

달의 뒷면을 보았다

낮술에 취한
젓가락 장단소리에 저녁이 왔다
해거름이 오줌보를 자극했을까
맨발로 바람을 가르며 뛰쳐나온 서천 과수댁
배롱나무 꽃그늘 밑에 털썩 주저앉아
주름치마를 걷어 올렸다
쪼르르 뒤따라 나온 막내딸도
옆에 앉아 나란히 엉덩이를 깠다
아르테미스, 아르테미스
달의 뒷면을 처음 보는 날이었다
담벼락에 늘어지게 걸쳐 있던 능소화가
못 본 척 고개를 돌렸다
누렁이는 역시 개답게
코를 실룩거리며 달의 뒷면을 맴돌았다
인간이 아닌 누렁이가 부러웠다
문구멍이 겨우 내어준 틈으로
여신들의 뒷면을 몰래 훔쳐보던
엉거주춤한 내 청춘의 끝자락이여

별똥별

밤하늘에서
누군가 엉덩이를 훌러덩 까발리고
긴 꼬리를 흔들며
똥을 싸질렀다
눈 깜짝할 사이에
산비탈 고추밭으로 뚝 떨어졌다

이튿날
산비탈 고추밭을 매는 초란이의 손을 끌고
숲속으로 들어가
그만 일을 저지르고 말았다
그 광경을 지켜보던 고추들이
약이 바짝 오른 눈초리로
맵게 쳐다보고 있었다

조금씩 불러오는 초란이 배를 보고
마을 사람들은
별똥을 뱄다고 놀려대곤 했다

바퀴도 없이 굴렀다

길바닥 돌멩이로 태어나
이런저런 까닭으로 구르고 굴렀다
구르는 것밖에 할 줄 아는 게 없었다
아무 생각 없이 무조건 구르고 보는 게
비법 아닌 비법이었다
누가 손가락질을 하든 말든
누가 침을 뱉든 말든
바람 따라 물 따라 구르다 보니
어느새 지천명이었다
땀벌창* 뒤집어쓰고
진창 구덩이 속에서도 최선을 다했으므로
나는 행복했다
구르고 구르다 보니
지구마저도 다 닳아 있었다
등짝에 난 상처가 화려한 날개가 될 때까지
나는 바퀴도 없이 굴렀다

---

* 땀범벅.

민화 1

와불전 부처가 법당 문을 열고 나온다
법의 바퀴*도 뒤따라 나선다
보문사 극락보전에는
중생들만 남아 제대성중(諸大聖衆)**을 외친다
부처가 공양 준비를 하느라
팔을 걷어붙이고
천 년 동안 잠자고 있는 맷돌을 돌린다
낙가산 눈썹 바위 밑에 새겨진 관음보살이
맨발로 뛰쳐나와 쌀을 씻는다
탱화 속에 살고 있던
칠성(七星) 산신(山神)과 독성(獨聖)들도
삼성각을 나와 나물을 무친다
육백 년 향나무가 향불을 피운다
사리탑이 범종을 울린다
오백나한상이 빗자루를 들고 몰려나와
절 마당을 쓸고 있다
산문(山門) 밖에 중생들이 몰려든다

---

* 부처가 깨달음을 얻은 후 녹야원으로 돌아가 제자들에게 처음 전한 불법.
** 자비를 베풀어 달라는 기도문.

민화 2

구시렁구시렁 쑥덕거리며 흐르는 개울가
무명 치마 훌러덩 걷어 올리고
허연 허벅지 아슬아슬하게 드러낸
청상과부의 욕지거리가
개울물을 따라 흘러 흘러간다

아이고, 내 팔자야
아이고, 내 팔자야
어떤 년은 제 서방 끌어안고 도는데
나는 어쩌다 빨랫방망이나 끌어안고 도나
내가 서방 잡아먹은 년이라고
사내들 앞에서 엉덩이를 실룩거리며 꼬리치는
낯짝 두꺼운 년이라고
요망한 년들!
뒈질 년들!
동네 아낙들의 혓바닥을
빨랫돌 위에 올려놓고
자갈풍*이 내리도록 내려친다

마실 나온 낮달이 배꼽을 붙잡고
입이 째지게 웃는다

---

* 손목에 많이 생기는 담핵.

알타리 총각들

장 보따리를 풀자 야성미가 펄펄 넘치는 숫총각들이 우르르 쏟아진다 연예인같이 머리는 온통 시퍼렇게 염색을 하고 제법 덥수룩한 거시기를 달고 불끈불끈 힘 꽤나 쓰는 물건인 양 자랑 삼아 빳빳하게 세우고 있다 아내는 아무 생각 없이 함지박에 집어넣고 철퍽철퍽 소금을 뿌린다 소금을 뿌리지 않아도 숨 죽어가는 나는 부러운 눈길 반 안타까운 마음 반으로 힐끔힐끔 쳐다본다 그걸 알면서도 모르는 척하는 아내가 고마웠다 냉장고 속에 들어간 시퍼런 총각 녀석들이 시끌벅적 온 집안을 흔들었다 사춘기 딸내미가 총각들이 궁금했는지 수시로 냉장고 문을 열었다 그러더니 튼실하게 생긴 한 놈을 골라 통째로 한입 가득 베어 물었다 순간 두 뺨이 발그레해지며 홍조가 아롱거렸다

보석사 은행나무

신라 헌강왕 11년
조구대사가 다섯 제자와 함께 심어놓은
여섯 그루 은행나무가 한 몸이 되어 있다
육바라밀*로 수행 정진하면
연리근이 되는가

살아 있는 육환장의 요동을 본다

바람을 불러다가
몸속에서 키우고 있던
사리를 후드득후드득 토해낸다

영취산 부처님처럼
금산 들녘을 내려다보고 있다

---

* 대승불교의 수행에 기초적인 여섯 가지 덕목.

까라

생모가지를 따줬다
발모가지도 잘라줬다
뱃살도 불판 위에 올려줬다
오장육부마저 다 빼줬다

저 기름기 자르르 흐르는 군상들 좀 봐, 내 마지막 자존인 대가리마저 가마솥에다 푹푹 삶아 고사상에 정중히 올려놓고 원치도 않는 뇌물을 한입 가득 물려주며 머리 조아리고 천연덕스럽게 청탁을 한다

아무런 사고도 없게 해달라구?
만복이 깃들게 해달라구?
떼돈이 굴러 들어오게 해달라구?

까라!
산 놈들이 죽은 놈 귓구멍 콧구멍까지 지폐를 꽂아가며 되지도 않는 억지를 부린다 참 염치도 없는 중생들이 어지간히도 웃긴다

빼라!

숨 막혀 뒈지겠다

먹감나무 비밀

돌멩이를 집어 들고
영천할미네
잘 익은 감을 향해 힘껏 던졌다
눈먼 돌멩이가
하필이면 장독대에 떨어졌다
장독 깨지는 소리가 뇌성처럼 울렸다
냅다 줄행랑을 쳤다

아무런 영문도 모른 채
때마침 감나무 밑을 어슬렁거리던
폐병쟁이 석철이가
영천할미에게 붙잡혀 대신 치도곤이 났다
그 모습을 훔쳐보며
나는 키득거리며 웃었다

코밑이 새까매질 무렵
폐병쟁이 석철이가 죽었다는 소문을 들었다
미안한 마음이

멀리 도회지까지 두고두고 따라다녔다

지천명을 앞둔 어느 가을날
고향집 골목을 걷고 있는데
누군가 뒤에서 부르는 소리가 나는 것 같아 돌아보니
지난날 네가 무슨 짓을 했는지 아느냐는 듯
먹감나무가 홍시 하나를 툭,
발밑으로 떨어트렸다

폐병쟁이 석철이의 각혈이었다

민들레

보리심 요양원 뒤편 마른 담벼락 아래
넋을 내려놓고
쭈그리고 앉은 할머니

늙은 햇살이 얼굴 위로 가파르게
흘러내린다
눈꺼풀이 천근만근 내려앉는다

말문조차 닫아걸어
노란 그 말씀도 들을 수가 없다

저 적요(寂寥)를 흔들지 마라

꽃 이파리마저 다 떼어준 채
바스락바스락
말라가고 있다

남국에서 온 애기풀꽃

부모 따라 먼 바다를 건너온
어린 모하메드
까만 콧잔등이 부어 있다

못 하나 박을 땅도 없는
맨바닥에 혼자 피는 야생화
이방의 아이들이 뛰어노는 놀이터에서
멀찌감치 떨어져 앉아
손톱에 낀
까만 기름때를 물어뜯고 있다

남국에서 건너온 애기풀꽃
꽃대를 세우고
상처뿐인 꽃눈을 틔운다

그 까만 눈동자 속에
밤마다 이국의 별이 뜬다

부대찌개

몇 년 만에 아버지와 함께
대구 칠성시장 뒷골목 허름한 식당에 가서
부대찌개를 먹었다

나는 걸신(乞神) 들린 것처럼
코를 처박고
꾸역꾸역
한 냄비를 뚝딱 비워냈다

뱃속에서 나팔소리가 나고
냄비 바닥에서는 군가가 울려 퍼졌다

참 힘도 좋은 아버지

벼 한 섬을 짊어지고도 끄떡없던 **아버지** 죄 없는 누렁개를 맨손으로 때려잡던 **참 힘도 좋은 아버지** 십 남매를 두고도 집 밖에 자식이 있던 **참 힘도 좋은 아버지** 말술을 마시고도 자전거를 들쳐 업고 집으로 오던 **참 힘도 좋은 아버지** 밥 한술 뜨기 위해 상을 두 번이나 차리게 하던 **아버지** 수라상을 비행접시처럼 하늘로 쏘아 올리던 **참 힘도 좋은 아버지** 식솔들 가슴에 쇠말뚝을 박던 **아버지** 허울뿐인 종손으로 한평생을 견디던 **참 힘도 좋은 아버지** 무덤 속에 들어앉아서도 불뚝불뚝 성을 내는 **참 힘도 좋은 아버지**

부석사 선묘

선묘낭자가 의상대사를 찾아오던 날
온통 야단법석이 났더란다
소백산 반달곰이 제 가죽을 벗겨
오시는 걸음걸음 고이 지르밟으시라며
양탄자를 깔아주었고
먹감나무는 알알이 불을 밝혀 주었더란다
대숲에선 산까치가 108번 울었고
단풍치마 곱게 차려입은 떡갈나무가
정성스레 도토리 밥을 지어 올렸더란다
눈앞에 임을 두고도
차마 부르지 못해 댓잎만 흔들던 선묘낭자*
부엉이가 뻐꾹뻐꾹
뻐꾹새가 부엉부엉
애만 태우는 낭자를 보다 못한 석등이
日芝**야 日芝야 불러주었더란다
그 사랑이 오죽이나 간절했으면
부석이 들썩들썩했더란다

---

* 당나라에 유학 온 의상대사를 사랑했던 한족 처녀.
** 의상대사의 속명.

제2부 애기똥풀꽃에 대한 보고서

호박꽃

꽃 핀 자리보다
꽃 진 자리가 더 아름다운

섭섭하게 피었다가
쓸쓸하게 지는 어머니

애기똥풀꽃에 대한 보고서

막사발 같은,

막사발 같은 경주댁이 흙물이 든 얼굴로 병상에 파묻혀 있다 김을 매고 있는가 퉁퉁 부어오른 발등이 가쁜 숨을 몰아쉬고 있다 밭고랑을 파헤치던 괭이 손은 침대보를 움켜잡고 있다

햇살이 너무 눈부셔 슬픈 날,

암 병동 화단에서 하얀 모자를 눌러쓰고 배추벌레처럼 꼼지락거리고 있는 경주댁을 보았다 배추 모종을 심듯 꽃씨를 뿌리고 있는 경주댁 바짓가랑이를 붙잡고 흙 알갱이가 울고 있었다 봉선화 팬지 프리지어 접시꽃 샐비어 맨드라미 채송화…… 참 많이도 심어놓았다

성묘하기엔 너무 맑아서 슬픈 날,

어머니 무덤가에 무더기로 피어 있는 꽃들을 보았다 이승에서 피우지 못한 꽃이 마음에 걸렸는가 노오란 알약 같은 애기똥풀꽃이 어머니 눈동자를 닮았다 행여 꽃을 밟을까 발걸음이 조심스러웠다

단속

아야 에미다 글시 말이다 간밤에 그 뭐시여 웬 후레잡놈이 들어서는 느그들한테 줄라고 챙겨둔 고추하고 마늘하고 참깨까지 몽땅 털어가 부렀다야 어느 육실할 놈인지 붙잡아 발모가지를 댕강 뿐질러 버렸으면 속이라도 쪼까 풀릴랑가 모르것다 헌데 저놈의 개새끼는 도둑놈한태 뭘 얻어 처먹고 짖지도 않았는지 모르것다 어째 꿀 먹은 멍충이처럼 입 다물고 있는 걸 보니 아마 한통속인 갭이다 내 저놈의 개새끼를 당장 끌고 가 된장이나 처발라야 쓰것다 내가 어찌 지은 농사인데 참말로 환장해 미쳐불것다 그러니 반찬거리 안 보내준다고 섭섭타 말고 그리 알거라 그나저나 뒷집 영감탱이는 뭣하러 자꾸 불러 쌌는지 모르것다 아야 이만 전화 끊어야것다 바쁘다 암튼 거시기 단속 잘하고 생활비만은 제날짜에 째각째각 보내라잉

상수리나무 어머니

늦가을 청량산을 오르다가
아무도 쳐다봐주지 않는 바위틈에서
젖꼭지가 텅 비어 있는
상수리나무를 보았다
가만히 들여다보니
눈알만 굴리고 있는 어린 새 한 마리를 품고 있다

제 몸 한번 돌볼 겨를도 없을 텐데
길 잃은 새를 앉혀놓고
상수리나무는 속삭이듯 타이르고 있다
다시는 집을 나가지 말라고
도란도란 다독거리는 것 같다

아마도 저 상수리나무는
집 없는 다람쥐에게도
선뜻 방 한 칸 내어주기도 하고
미아로 떠도는 별똥별에게
길라잡이가 되어주기도 했으리라

제 가진 것 다 나누어주고도 모자라
텅 빈 하늘마저 떠받들고 있는 상수리나무를 보니
내 젊은 날
시골집에 버려진 어머니 생각이 났다

초검(草劍)

풀을 풀로 보다가
손가락을 베인 적이 있다

탱자나무집 참새들

탱자나무집 할머니가
새벽부터 온 동네방네가 떠나가도록
욕지거리를 해댄다

“지난밤에 닭 잡아먹은 놈들
혓바닥이 닷 발이나 빠져 뒈져라.
손모가지가 썩어 문드러져라.
어디 잡히기만 해봐라. 이놈들
고쟁이 속에 집어넣고
오줌을 싸서 문어 대가리를 만들어놓고 말 테다”

잔뜩 독이 오른 할머니를 피해
탱자나무 울타리 뒤에 숨은 아이들이
키득키득 웃고 있다

아우내장터

기미년 삼월
아우내장터에서
흰 무명 띠를 머리에 동여맨 청년들이
따끈한 순댓국 한 사발 말아먹고
성난 황소처럼 몰려나와
왜경들을 때려잡았다고 한다

병천 순댓집을 운영하는 순이 엄마는
통학하는 학생들의 빈 주머니 속도
환하게 들여다볼 줄 안다
무럭무럭 김 나는 순대 한 접시를
공짜로 담아주며
유관순이 되라고 한다

순이 엄마 증조부가
아우내장터에서 만세를 부르다 왜경에 잡혀
반신불수가 되어 돌아가셨다고 한다

외등

곱게 늙은 외등 하나가
키 낮은 대문 앞에 서서
집 나간 어린 아들을 기다리고 있다

어디서 한뎃잠을 자고 있을까
부나비만 찾아드는 밤

졸린 눈을 부릅뜨고
지나가는 새에게
아이의 행방을 묻는다

볕 들 날

눈이 어두운 어머니가
쥐눈이콩에서 잡티를 골라내자고 했다
쥐뿔도 없는 집구석에서
콩나물죽이라도 먹고
목숨 보존이나 해야지 하셨다

갑자기 콩이 쥐 눈깔로 보였다
원수진 일도 없는데
눈깔을 까집고
잡아먹을 듯
달려들 것 같았다
손에서 쥐가 났다

언젠가 쥐구멍에도 볕 들 날이 있겠거니
쥐꼬리 월급에
쥐코밥상을 받으면서도
머리에 쥐가 나도록
나는 정신없이 뛰었다

그러던 어느 날
부뚜막 밑에서 어미를 잃은
생쥐 한 마리를 보았다
요 녀석도 살아갈 날이 주야장천이라
꼬리에 쥐가 나도록 뛰어야겠거니
연민이 들어
소굴 속에 조심스럽게 넣어주었다

이팝꽃 그 여자

밤새
잠 못 이루고 뒤척이던 것 같더니
부스스한 얼굴로
아침 햇살에 볼을 비벼댔다

명아주 쇠비름 고들빼기 냉이 무치고
눈물을 넣어 된장국 끓이고
이밥을 고봉으로 퍼 담아
소박하게 상을 차렸다

밥상머리에 털썩 주저앉아
직수굿하게 고개를 떨군 채
입술을 꾹 깨문

저 혼자 핀 꽃

젊은 날
꽃인 줄도 몰랐던 이팝꽃 그 여자

철없이 피운 배추꽃

— 미혼모 서영에게 바침

누가 저 배추밭에다 씨앗을 뿌렸을까
여리디여린 몸을
어느 선머슴아가 부둥켜안고 묶어 두었다가
생각도 없이 버렸을까
입덧조차 마음 놓고 하지 못하고
땅뜀도 할 수 없는 만삭의 몸

밑동을 드러낸 채
속 깊은 그곳에 알배기를 품고 있다

푸르뎅뎅한 겉잎 몇 장을 젖혀본다
풋것의 냄새가 물씬
금방이라도 눈물이 툭 터질 것 같다
애가 애를 배어
거친 밭고랑을 걸어온 듯
허옇게 드러난 맨 종아리에
서리꽃이 피어 있다

어처구니

겨우내 쌓였던 눈이 아지랑이에 실려 갔다
가슴을 짓누르던 흉통도 흐르는 물에 날아갔다
녹은 흙이 발목을 잡아끌었다
굴참나무가 마른가지를 양지쪽으로 옮기고 있었다
어디선가 옷깃 스치는 소리가 들려왔다
퉁방울눈을 뜨고 사방을 둘러보았다
양지바른 풀섶에서
노루귀꽃이 연분홍 봄볕을 바르고 있었다
새색시처럼 귀를 쫑긋 세운 꽃에 홀려
몸보다 마음이 먼저 달려갔다
신접살림을 차리고 싶을 만큼 현혹적이었다
해가 꼴깍 넘어가는 줄도 모르고
발기된 마음이 미망에 빠져
지고 간 지게를 찾을 수 없었다

난곡동

달동네에는 달이 살지 않는다
하루는 먹고 하루는 굶는다
저녁을 굶어서 밤이 길다
달이 가까워서
태양이 가까워서 더 춥다
양지에도 음기가 흘러
아무렇게 짜깁기한 집들의 무질서가
컥컥 숨통을 막는다
새끼줄로 연탄을 코뚜레 하고 가는 사람들
이 동네는 연탄재마저 귀하다
공동화장실에서 들러붙은 냄새가 종일 쫓아다닌다
죄지은 일도 없는데
괜히 고개를 푹 숙이고 걷는다
그래서 그림자도 짧다

하루

신대방 전철역 아래 도림천 고수부지에는 매주 월요일 새벽이면 뱀이 기어가듯 인간 띠가 늘어선다 꼬부라진 지팡이들이 급식 순번표를 받기 위해 줄을 서 있다 더러는 노숙을 해가면서 새벽안개로 아침을 때우고 하품을 입에 문 채 시멘트 바닥을 긁고 있다 오늘은 선착순 오백 명까지다 순번표를 받지 못한 빈손들은 돌계단에 지팡이를 내려놓고 널브러져 있다 이글거리는 햇살만 한입 가득 물고 먼 하늘만 쳐다본다 순번표 속에는 단팥빵 세 개, 이백 밀리리터 두유 한 팩, 현금 천 원이 들어 있다 어떤 이는 빵 한 봉지와 두유를 그 자리에서 천 원을 받고 되팔기도 한다 그 돈으로 라면을 사들고 휘적휘적 허기진 쪽방으로 지팡이에 끌려간다

소주병의 항변

뚜껑이 열린 채
갈之자로 서덜길*을 걸었다
울화통이 먼저 저만치 앞서갔다
혓바닥이 주인을 잃었다

이 거지발싸개 같은 놈아
개 밥그릇 같은 상판대기 짓뭉개버리겠다
지 애비 애미도 모르는 후레자식아
높은 놈에게만 무릎 꿇고
대가리 조아리며 아부 떠는 상놈아
왜 맨날 나만 갖고 지랄 염병이야
죽여 버릴까 보다

죄 없는 허공을 향해 삿대질을 해대다가
도림천 뚝방길에 벌러덩 드러누워
버려진 빈 소주병처럼 뒹굴었다
하늘도 뚜껑이 열렸는지
장대비가 쏟아지고 있었다

---

* 강가나 냇가의 자갈길.

홀아비 새

멧비둘기 한 마리가 서럽게 울고 있다

저놈은 짝도 없나
대체 뭘 어쩌자고

계집 죽고 자식 죽고
헌 두데기 목에 걸고
빨래 서답 누가 빠나*
구죽구죽 비가 오면
*장독대는 누가 덮나***

마치 작심이나 한 듯
산이 넘치도록 울어댄다

멧비둘기 울음소리가
홀아비 마음속에
정(釘)을 박는다

* 생리대 빨래를 일컫는 방언.
** 멧비둘기 울음소리를 음역한 경상도 지역의 전래 민요.

제3부 어린 왕자의 죽음

내가 루브르에 간 까닭은

루브르박물관 유리벽 속에 감금되어 있는 女子 오백 년 동안 면벽 수행만 하고 있는 女子 마늘만 먹었는지 눈썹이 다 빠져버린 女子

함부로 마음도 열지 않는 女子 쉽게 미소를 보여주지 않는 女子 기초화장조차 하지 않은 女子 눈썹이 없어도 아름다운 女子

사랑을 기다리다 온몸이 시커멓게 탄 女子 쉽게 마음을 보여주지 않는 女子 영원히 죽지 않을 것 같은 女子 오백 년 동안 줄 듯 말 듯 눈빛만 흘리는 女子

어린 왕자의 죽음

어린 왕자가 죽었다
사막여우가 부고장을 가지고 왔다
양들은 슬픔을 뒤집어쓰고
상자 속으로 들어갔다
하늘에서는 유성우가 쏟아졌다
전갈이 모랫바닥에 머리통을 처박고
독으로 목욕을 했다
적도 사막에서 눈보라가 휘몰아쳤고
보아뱀의 눈물로 강이 넘쳤다
바오바브나무를 타고
B612 혹성으로 문상을 갔다
별은 너무 멀었고
가는 동안 나는 늙었다
여섯 개의 소혹성이 오열을 했고
태양이 하루에 마흔네 번씩이나
꺼졌다 켜졌다

오월의 꽃뱀

— 장미

연애하기 딱 좋은 봄날
꽃뱀 한 마리가 담장을 넘어온다
에덴동산에서
이브를 유혹했던 그 뱀처럼
독기를 감춘 채
지나가는 사내의 소맷자락을 붙잡고
함부로 대가리를 쳐든다
혓바닥을 날름거리며
유혹의 눈빛을 쏘아댄다
손목을 붙잡힌 사내는
죽어도 좋다며
꽃뱀의 입에다 입을 맞춘다

아름다움의 극치에는
언제나 치명적인 독이 숨어 있다

자본의 힘

씻나락 까먹는 귀신의 밥그릇도 빼앗았다

여의주를 빼앗아 용을 미꾸라지로 만들어버렸다

호랑이 가죽을 빼앗아 고양이로 만들었다

웅담을 빼앗아 쓸개 빠진 곰으로 만들었다

사슴의 뿔을 빼앗아 고라니를 만들어버렸다

젖소의 우유를 빼앗아 공룡을 먹여 살렸다

계란을 빼앗아 내가 품어버렸다

독사의 이빨을 빼앗아 개구리에게 주었다

토끼의 간을 빼앗아 내가 먹었다

수작(手作)

브래지어 속에 숨어 있어야 할
눈부시게 뽀얀 젖가슴이
민망스러워 보이기도 하고
불경하게 보이기도 해서
슬며시 접근해 작업을 건다
우수에 젖은 듯 그렁그렁한
눈을 지그시 감고 있는 젖소
말랑말랑 유두에
손이 닿는 순간
퉁방울눈을 부릅뜨고
냅다 발길질부터 한다
아마도 믿지 못하겠다는 듯
콧김을 뿌리며 뜸베질로 밀어낸다
그래도 브래지어만은 채워야 한다
D컵도 E컵도 아닌 A컵으로
착유기를 채운다

이브의 경고*

그녀는 나의 세컨드였다 그녀의 유일한 취미는 쇼핑이었다 나는 그녀의 도움 없이는 밥 한 끼도 해결할 수 없는 무능력자였다 그녀의 뒤꽁무니를 졸졸 따라다니며 때론 몸종이 되어주기도 했다 그럴 때마다 샤넬이니 구찌니 몽블랑이니 피에르가르뎅이니 하는 신상품을 내게 안겨주었다 어떤 날에는 술집에 잡혀 있는 내 몸값을 대신 지불해주었고 또 어떤 날은 아무도 몰래 현금지급기를 털어다 주기도 했다

그러던 어느 날이었다

도끼눈을 한 마누라가 모텔로 들이닥쳐 다짜고짜 그녀의 머리채를 휘어잡고 두들겨 패더니 난도질을 해버렸다 그녀의 울부짖음을 어깨 너머로 흘려보내야만 했던 나의 사랑도 그렇게 끝장이 나고 말았다 늦바람이 들면 쪽박을 차게 된다는 이브의 경고가 귓가에 울려 퍼지고 있었다

---

* 가수 박미경의 노래.

고정관념이 개똥벌레에게 끼치는 영향

사각 하늘 속에 사는 개똥벌레는
머리도 사각이다
생각도 사각이다
눈도 사각이다
해도 달도 별도 모두 사각이고
지구도
내리는 비도
펑펑 쏟아지는 함박눈도 사각이다
눈이 사각이라
사각으로만 논다
사각으로 돌고 사각으로 뛴다
잠도 사각으로 잔다
사랑도 사각으로 한다

천동설을 주장하던 프톨레마이오스처럼

고려 왕족발 보쌈

대왕마마,

북방 거란군의 침략으로 백성은 도탄(塗炭)에 빠져 허덕이고 나라 곳간은 다 비었습니다 오늘밤 수라상은 우족을 구할 수가 없어 왕족발 보쌈으로 상을 올립니다

어허! 이놈들 참 무엄하구나
과인의 족발을 함부로 모독하지 마라
감히 어디다 대고 칼질을 하려 드느냐

지금 저잣거리에는 굶주린 백성들이 왕족발 보쌈으로 겨우 끼니를 때우고 있다 합니다
어찌하올까요

오호(嗚呼), 말세가 아니더냐
그 많은 왕의 족발들이 다 어디서 나왔단 말이냐
내 무슨 면목으로
죽어서 선대왕의 용안을 알현하겠느냐
능참봉은 왕족발 大자 한 접시를 들고

지체 없이 편전으로 들라 하여라
그 놈을 당장 능지처참하리라

발목이 잘린 돼지들이 정신 줄을 놓고
줄행랑을 쳤다는……

절규

청바지가 지퍼를 열면
어둠 속에 저당 잡혀 있던 살덩이들이
꿈틀꿈틀 기어 나온다
홑살이 겹살을 불러오고
겹살은 다시 공포살을 불러온다
오지게 달라붙은 살은
아예 눌러앉아 떠날 줄 모른다
실밥이 터진 청바지가
절규를 한다
뭉쳐 살다보면 언젠가 다 망한다
청바지가 지퍼를 열면
스키니진에 갇힌 아우성들이
앞다투어 우르르 빠져나온다

파꽃

파는 왕이다
결코 허리를 구부리지 않는다
수직의 꿈에 눈이 멀어
점점 칼이 되어간다
뱃속이 비어가는 줄도 모르고
허풍만 늘어간다
머리에 화관을 눌러쓴 채
스스로 곪아간다
낮으로 밤으로 날만 세우다가
칼인 줄도 잊어버렸는지
끝내 아무것도 베지 못한
어수룩한 왕이여

119 구급대

낙화암에서 투신한 삼천 궁녀를 구조해냈다

인당수에 스스로 뛰어든 효녀 심청도 살려냈다

임진년 왜장의 멱살을 잡고 순절한 논개도 살려냈다

오백 년 선죽교를 떠도는 정몽주도 살려냈다

청령포에 고립된 단종도 구해냈다

동해바다 속에 수장된 토끼의 간도 살려냈다

물에 빠진 내 어머니의 보따리도 건져냈다

개미탑

더 이상 구멍만 팔 순 없었다
햇빛 한 줌을 얻기 위해
탑을 쌓기 시작했다
등고선을 따라 오르내렸다
허공의 길은 첩첩 사막이었다
땀으로 뭉쳐 쌓고
한숨으로 비벼서도 쌓고
무너짐 위에 무너짐을 쌓아올렸다
기둥도 대들보도 서까래도 없이
누워 있는 절벽을 일으켜 세웠다
아득히 높고도 먼 상륜부
올라갈수록
몸피는 점점 까매져 갔고
허리는 끊어질 듯 조여들었다
무너짐으로 세운 탑이
마침내 피라미드가 되었다

장수건강원

붕어 잉어 장어 가물치 미꾸라지들이
바닥에서 뛰어 다닌다
혓바닥을 길게 늘어트린 멍멍이가
오장육부를 드러낸 채 줄행랑을 놓는다
사지가 잘린 흑염소 한 마리가
자유를 되새김질하며 먼 풀밭으로
부리나케 도망을 친다
압력솥에서 똬리를 틀고 앉았던 능구렁이 허물이
능청스럽게 이웃집 담벼락을 넘는다
오소리가 무릎을 꿇고 오소소 떨고 있다
너구리는 중탕을 해도 너구리다
목이 없는 청둥오리가 북국(北國)을 향해
날갯짓을 펄럭인다

낙지의 하소연

어찌어찌하다 보니 신변이 극도로 위험해졌다 여기저기서 쇳소리가 난무하고 사위가 소란했다 영문도 모른 채 그만 지명수배가 되고 말았다 머리를 빡빡 깎고 다락방에 납작 엎드려 수행승처럼 은둔을 했지만 무자비한 체포 작전에 다짜고짜 멱살 잡혀 끌려나왔다 무사(武士)의 손아귀에서 벗어나려고 미친 듯 발길질을 했지만 아무 소용이 없었다

"뼈대도 없는 네깐 놈들이 대갈빡에 먹물 좀 들었다 이거지. 누군 왕년에 먹물 좀 안 먹어본 놈 있나"

그러저러하다 보니 영어의 몸이 되었다 도마 위로 끌려나와 칼춤을 빼든 무사 앞에서 머리를 조아렸다 팔다리가 부러지고 척추가 다 바스러지도록 흠신 두들겨 맞았다 살았는지 죽었는지도 모르게 온몸이 흐물흐물 축 늘어진 무척추가 되었다

종

하늘에 목을 매고 매를 맞는다
속을 텅 비운 채 맞는다
영문도 모르고 맞는다
맞는 줄도 모르고 맞는다
살가죽이 벗겨지도록 맞는다
아픈 곳만 계속 맞는다
상처 위에 상처가 쌓이도록 맞는다

맞아야 할 때 맞지 않으면 불안하다
울어야 할 때 울지 못하면 불안하다

맞으면 맞을수록 청아해지고
내가 아프면 아플수록
세상은 가벼워진다

기꺼이 매를 맞는다
죽도록 매를 맞는다
웃으면서 맞는다

제4부 불멸을 보다

종이의 뼈

오래된 문장 하나 발굴한다고
몇 날 며칠 끙끙대며 지샜다
뿔난 문자의 잔소리가 시작됐다
눈의 뼈라고 썼다가
지렁이의 발바닥이라고 썼다가
벼룩의 낯짝이라고 썼다가
뱁새의 눈썹이라고 썼다가
코에서 단내가 났다
머리에서 까치집을 지었다
문장 위에는 진눈깨비가 내렸다
애꿎은 원고지가
물구나무를 서고 있었다
종이의 하얀 뼈가 보였다
입을 틀어 막힌 원고지가 바닥에 엎드려
찌그러진 문장을 읽고 있었다

---

* 고영 시인의 「이슬방울을 쥐어짠다」에서 변용.

한낮의 고요

제 그림자를 짊어진
모시나비 한 마리
묵정밭을 건너고 있다

개망초 꽃모가지에 앉는다
부려놓은 날개의 무게만큼
사위가 흔들린다
간질간질 꽃대가 떨린다

저들에겐 뭔가 통하는 게 있다

나비가 꽃이 되고
꽃이 나비가 되는
순간의 파문이
묵정밭을 흔든다

물결표를 찍으며 날아가는
한낮의 고요

설상사(雪上寺)

외진 돌 틈에서
앉은부처꽃을 보았다
햇빛 한 줌 들지 않는 차디찬 움막에서
득도의 경지에 다다랐을까
금빛 장삼이 눈부시다
머무는 곳이 절이고
흐르는 곳이 집이다
목탁도 없고
바릿대도 없이
온전한 한생만으로 아름다운
설상사 앉은부처꽃
생불의 전언을 듣는다

소란

미산리 산 1번지에 고품격 주택단지가 들어선다는 현수막이 나붙더니 얼마 지나지 않아 굴참나무에 철거 딱지가 붙여졌다 셋방살이를 하던 매미들이 보증금을 빼달라고 독촉을 했지만 돌아오지 않는 메아리일 뿐이었다 그러던 어느 날 기계톱으로 무장한 철거반원들이 진압군처럼 들이닥쳤다 가재도구 하나 챙기지 못하고 쫓겨난 다람쥐 가족은 주거 대책을 요구하며 농성을 벌였다 죽은 뻐꾸기 새끼를 끌어안은 오목눈이는 실성한 새처럼 오열을 했다 하, 수상한 시절이었다 정신이 혼미해진 너구리가 도로 한가운데 무덤을 차렸고 울분을 참다못한 당산나무가 붉은 눈물을 뚝뚝 떨어뜨렸다 밤새 넋을 애도하던 개골창 무당개구리의 절규가 하늘을 뒤덮었다 하, 수상한 시절이 기계 톱날처럼 돌아가고 있었다

굴뚝새

세상 가장 높은 곳에서
가장 더럽게 사는 새들

다만 굴뚝새에게 미안할 뿐이다

금당 벽화에 빠지다

녹슨 청동거울을 닦았더니
대웅전 문이 삐거덕 소리를 낸다
도량석이 천년 잠을 깨운다
황룡이 범종을 울린다

금당 벽화
노송에 앉아 있던 황새 한 마리가
홰를 치며 뛰쳐나온다
울대 속에 갇혀 있던 종이
황룡사 정적을 뒤흔든다
득음의 경지가
죽은 솔거를 깨운다

신라를 향해 뻗은 가지는
화쟁(和諍)*의 서까래가 되고
화엄경 배흘림기둥이 되어
금당을 떠받치고 있다

청동거울 속에서
진한 송홧가루가 흩어진다

---

* 서로 다른 사상을 조화시키는 원효사상.

불멸을 보다

서옹스님 다비식을 보다가
별은 결코 죽지 않는다는 걸 알았다

천삼백 도 불기둥이 사그라진 뒤
상좌승들이
사리를 수습하고 있었다

큰 별이 지면 새 별이 뜨는 것일까
캄캄한 잿더미 속에서
반짝이는 별들
벌건 대낮에
천상열차분야지도*를 보았다

---

* 국보 제228호. 별자리를 각석(刻石)해 놓은 것.

개심지(開心池) 잔물결

개심사 연못
소금쟁이 한 마리가 파문을 일으킨다
수면 위에 악보를 펼쳐놓고
아름다운 잔물결을 켠다
잔잔하던 연못이
소용돌이치며 술렁거린다
작은 동그라미 속에
들어앉아 있는 연못에는
태양이 일렁거리고
뭉게구름이 머물다 간 자리에
대웅전이 들어앉는다
용 비늘 같은 윤슬이
연화 무늬로 반짝인다
배롱나무 꽃잎들이
연못 속으로 우르르 뛰어내린다

고려장 3

할머니가 지팡이를 휘저으며
빗자루를 들고 뒤란으로 간다
가랑잎들이 귀를 세우고
우르르 몰려와 발등을 덮는다
시간은 멈춰 있고
손발이 오그라들어 있다
실핏줄까지 앙상하다
한 살림 다 거덜 낸 팔자들이 모여
이빨을 바드득바드득 갈며
어깨를 떨고 있다
고개를 빳빳하게 세우고
할머니를 빤히 쳐다본다
그런 몰골들이 보기 싫다며
쓸어내고 또 쓸어낸다
앞에서 몰려오고 뒤에서 또 몰려온다
가랑잎들이
자꾸 할머니를 쓸어다 버리고 있다

소록도에 핀 수양매

소록도에 가면
참 고달픈 꽃이 있다

죄를 묻기에는
그 꽃빛이 너무 아려서
차마 다가갈 수 없는 꽃이 있다

옹이 박힌 꽃가지 위에
눈물을 매달고
탄식을 매달고
줄줄이 고개 숙여
하얗게 땅바닥을 기고 있다

DDS* 알약처럼 피어 있는 꽃

상처 위에 피어서 더 아픈 꽃
병사(病舍)에 피어서
더 환한 꽃

---

* diaminodiphenylsulfone, 한센병 치료제.

汝自灣의 女子

여자만(汝自灣)이 맨살을 드러내면
널배가 뜬다

바지장화 속에 몸을 구겨 넣고
한 무릎은 접어 배 위에 싣고
외다리가 노를 젓는다
모자에 들러붙은 석화가
어서 가자
어서 가자
키를 잡는다

꼬막을 캔다
눈물을 먹고사는 꼬막을 캔다
꼬막이 여자를 캔다

들물이 닥치면 어쩌나
여자만(汝自灣)에 가면
바람이 서방 노릇을 한다

팔공산 돛대바위

갓바위 미륵불이 타고 왔을 듯
돛배 한 척이 떠 있다
어디에다 닻을 내려놓았는지
그만 까맣게 잊어버리고
바위가 되어 있다

명품을 휘감은 사람들이
갓바위를 찾아든다
불로불사 소원성취
온갖 공양물을 쏟아 놓는다
미륵불은 굳게 입을 다문 채
먼 하늘만 바라본다

초라해서 더 눈부신
망초꽃 한 다발을 공양으로 바치자
비로소 마음이 움직였는지
갓바위도 갓끈을 더욱 조여매고
바람을 불러 배를 띄운다

그 먼 마을에 가서

구만리에 가면

하늘도 세 뼘
땅도 세 뼘
사람도 세 뼘

나도 그 세 뼘에 들어
한 살림 차리고 싶다

내 인생의 순환선

타고 내리는 승객들은 많았지만

내가 정차할 역은 없었다

아름다운 비문

오목눈이 새끼 한 마리가
졸참나무 아래로 떨어졌다
눈 한 번 떠보지 못한 채
이름부터 지워졌다
그림자가 생기기도 전에
그림자가 먹어 치웠다
울어야 할 생각도 하기 전에
울음주머니가 닫혔다
벼랑에서 떨어져
바닥에 갇힌 어린 새
창공은 너무 멀고
깊은 잠에 빠지기 전에
족적이라도 남기려는 듯
짧지만
긴 문장을 새기고 있다

해설

두두물물(頭頭物物)과 물활적(物活的) 상상력

이도연 문학평론가

시인이란 뚜렷이 존재하는 모든 물상(物象)이 자신과 무관하지 않다고 믿는 사람이다. 희미하게 존재하는 것들조차 언어의 그물 속에 포착하는 관계론적 사고는 시인의 거의 유일한 전략이자 신념이다. 윤명수 역시 존재자들의 '맞닿아 있음'에 깊이 천착하여 이를 시적 원리로 구현한다. 시인의 눈에 홀로 존재하거나 무관한 사물들은 결코 없으며, 이는 윤명수 시의 상상력의 모태가 되고 있는 불교적 세계관이나 연기설과도 자연스럽게 연결된다. 윤명수의 불교적 세계관을 시의 구성 원리로서 뒷받침하고 있는 '물활적(物活的) 상상력'이다. 그의 시에서 자연물이나 유기체는 물론이거니와 생명력을 이미 소진하거나 혹은 지니지 않은 무기물들 역시 시적 소재로서 당당히 호명된다. 그리고 시적 오브제로 호출된 사물들은 대개 '두두물물(頭頭物物)'*이라는 윤명수 시의 핵심적 테마를 형성하는 데 적극적으로 기여한다. 시인이 세 번째로 상자한 시집, 『고정관념이 개똥벌레에게 끼치는 영향』은 이러한 시작 원리에 기반하여 기존의 민중적 낙천성의 세계를 심화시키고 있는 것으로 보인다. 이는 세부적으로, 물활적 사유를 토대로 불교적 진리와 각성을 표현하고 있는 시편들과 유비적 사고에 근간하여 민중적 · 민속적 모티프를 다양하게 활용, 변주하고 있는 작품군, 그리고 가족이나 사회적 소수자에 대한 관심과 염려를 나타내고 있는 것들로 크게 나누어 볼 수 있을 듯하다. 그리고 이를 관통하는 상상력의 기제로 작동하고 있는 것은, 앞서 말한 바와 같이 윤명수 시 특유의 물활적 상상력이다.

원효는 『대승기신론 소 · 별기』에서 '이문일심(二門一心)'을 기신론의 종체(宗體)로 보았다.** 일심은 우주법계가 거대한 하나의 대승적 한 마음의 욕망에 다름 아님을 말하는 것이며, 우주법계가 무한한 한 마음의 욕망이라면

---

* 이는 주지하는 바와 같이, '두두시도 물물전진(頭頭是道 物物全眞)'이라는 선가(禪家)의 말에서 따온 것으로, 사물 하나하나가 전부 도이고 사물 하나하나가 모두 진리라는 뜻을 담고 있다. 오규원은 생전에 자신의 '날이미지시론'(오규원, 『날이지미와 시』(문학과지성사, 2005) 참고)을 설명하면서 이를 직접 언급한 바 있으며, 유고시집의 제목으로도 사용된 바 있다(오규원, 『두두』(문학과지성사, 2008) 참고).

우주에 미만해 있는 두두물물은 그 대승적 한 마음을 다양하게 나눈 무수한 마음들에 해당한다고 할 수 있다. 다시 말해 만물은 일심의 무수한 얼굴이며, 여래의 다양한 분신이다.*** 윤명수 시는 두두물물이라는 불교적 진리에의 깨달음을 적극적으로 형상화한다. 시집 제일 첫머리에 놓여 있는 작품이다.

> 칠성무당벌레 한 마리가
> 손바닥 위에서 괘를 살피고 있다
> 등짝을 잔뜩 웅크린 채

** 원효는 다음과 같이 설파한다. "이문(二門)의 안에 만 가지 뜻을 받아들이면서도 어지럽지 아니하며, 한량없는 뜻이 일심(一心)과 같아서 혼융(混融)되어 있으니, 이러므로 개합(開合)이 자재하며 입파(立破)가 걸림이 없어서, 펼침도 번잡하지 않고 합하여도 협착(狹窄)하지 않으며, 세워도 얻음이 없고 깨뜨려도 잃음이 없으니, 이것이 마명(馬鳴)의 뛰어난 술법이며 기신론의 종체이다"(원효, 『대승기신론 소 · 별기』, 은정희 역주, 일지사, 1991, 27쪽). 여기에서 이문(二門)이란 여러 가지 법의(法義)를 총괄하여 두 가지로 나눈 것으로, 기신론에서는 심진여문(心眞如門)과 심생멸문(心生滅門)으로 나눈다(같은 책, 23쪽, 각주 28, 참고).

*** 김형효, 「물활론(物活論)」, 『법보신문』 853호, 2006. 5. 22. 참고. 여기에서 필자는 불교적으로 물활론은 마명과 원효가 갈파한 일심(一心)의 철학과 밀접한 연관성을 지닌다고 보면서 다음과 같이 언급한다. "자연의 전체적 필연성은 서로 존재하게끔 하는 그런 관계이므로 물활론은 외경스런 자연의 존재론적 욕망에 대한 철학적 동의와 같다. 자연의 두두물물은 여래의 자연적 필연성을 인간에게 알려주는 무성의 법문임이 확실하다". 이와 관련한 보다 상세한 설명은 김형효의 『원효의 대승철학』(소나무, 2006), 제1부 1장 1절 「대승적 일심(一心) 사상과 물활론적 일기(一氣)사상」(26~35쪽)과 박태원의 『원효사상연구』(울산대출판부, 2011), 제3장 「원효의 통섭사상」(21~78쪽) 등을 참고할 수 있다.

더듬이를 세워 찬찬히 손금을 살피고 있다
놈은 이미 천도(天道)를 알고 있다는 듯
내 손바닥을 읽어가며
제 발바닥으로 내 운명을 점치고 있다
지금 놈에겐 점괘가 나와 있을 터
우주 빅뱅의 비밀을 알려주려는 건지
하늘과 땅 사이에 가로막힌
길을 찾아주려는 건지
뭔가를 골똘히 생각하고 있다
손바닥 끝이 곧 지구의 끝이라는 것일까
지구의 무게를 떨쳐버리고
하늘 높이 날아오른다
곧 화려한 굿판이 벌어질 것이다

—「칠성무당벌레」 전문

여기에서 시적 모티프로 착상된 것은, '수상(手相 : 손금 보기)'이라는 어찌 보면, 별반 대수로울 것 없는 단순한 행위이다. 하지만 그 범상한 행위가 고도의 시적 이미저리로 창출되는 것은 자연물인 '칠성무당벌레'를 통해서이다. 벌레를 주시하고 있는 것은 물론 화자라 하겠으나, 인간의 운명과 관련된 손금의 괘를 미물인 벌레가 점침으로써 시적 주체의 자리는 여기서 역전되고 있다. 게다가 그는 우주의 원리('우주 빅뱅의 비밀')와 하늘의 운행('천도')마저 알아챈 눈치다. 보잘것없고 하찮은 존재가 진리의 담지자로 올라선다. 칠성무당벌레의 등짝에 자연의 이법(理法)을 상징하는, '일곱 개의 별자리'(七星)가 아로새겨져 있는 것은 어쩌면 우연이 아닐지 모른다.

한편 '하늘과 땅 사이'라는 표현은 인간과 자연, 인간과 신의 거리를 나타낸다. 인간과 자연의 연속성은 파괴되었고 인간과 신의 관계는 두절되었다. 그리하여 인간과 자연, 신 사이의 원환적 총체성을 복원시키고 있는 것은 다시금, 무당벌레-벌레무당이다. 이쯤에서 무당벌레는 진리의 담지자를 넘어 신탁(神託)을 관장하는 사제(司祭)에 방불한다 할 것이다. 인간적 질서의 원리인 중력('지구의 무게')을 박차고 올라, 무당벌레는 이승길과 저승길을 연결하는 다리를 놓는다. 상승하는 무당벌레의 이미지는 땅을 구르고 도약하는 무당의 이미지와 결합하면서 자연스럽게 굿 장면을 내부로 도입함으로써 마침내 시적 완결을 갈무리한다. 무당벌레를 벌레무당으로 전치시키는 물활적 상상력을 통해, 두두물물의 불교적 진리를 표상하고 있는 이 작품은, 윤명수 시작술의 핵심이 고스란히 녹아 있다 해도 과언은 아닐 것이다. 이와 같은 두두물물의 불교적 진리를 물활적 상상력에 기대어 표현한 다른 대표작으로 「보석사 은행나무」를 꼽을 수 있다.

신라 헌강왕 11년
조구대사가 다섯 제자와 함께 심어놓은
여섯 그루 은행나무가 한 몸이 되어 있다
육바라밀로 수행 정진하면
연리근이 되는가

살아 있는 육환장의 요동을 본다

바람을 불러다가
몸속에서 키우고 있던
사리를 후드득후드득 토해낸다

영취산 부처님처럼
금산 들녘을 내려다보고 있다

—「보석사 은행나무」 전문

이 작품의 '시안(詩眼)'에 해당하는 단어는 '사리'이다. 그리고 '사리'는 의심할 바 없이 '은행'이다. 앞뒤로 배치된 행과 연은 시적 긴장과 이완에 적절히 기여하면서 '사리'에서의 이미지 응축을 돕는다. 먼저 조구대사와 제자가 심은 여섯 그루의 은행나무는 부처의 현신(現身)으로 시공을 넘어 연리근이 되었다. 처처불불(處處佛佛)이다. 여섯 가지 행(行)으로 정진한 은행나무가, 품어 왔던 수행의 결정체를 바람결에 드디어, 토해낸다. 그러고는 그윽하고 그윽한 눈빛으로 삼라만상을 관조한다. 이 시 역시, 화자의 진술에 의존하고 있지만 시적 주체로서 당당하게 호명되고 있는 것은 자연물인 은행나무다. 이처럼 평범한 사물에 따뜻한 온기와 영혼의 숨결을 불어넣는 것은, 물활적 상상력에 기초한 윤명수 시 특유의 시작법이다. 그리고 시인은 그 처처의 물상에서 석가모니의 설법과 법문을 읽는다. 불교적 사유에서 본다면, 은행을 사리에 빗대는 것은 자연스런 발상법이라 하겠으나, 그 시적 현현(顯現)의 순간을 실기(失期)함이 없이 창조적 직관으로 포착해내는 것은 시인의 평범하지 않은 능력이라 하겠다. 이와 유사한 연상기법과 시작술에 의거하고 있는 것으로, 「설상사(雪上寺)」 같은 작품을 예로 들 수 있다.

고대의 물활론(物活論)은 원시적인, 저차원의 사유방식으로 치부되어 오기도 했지만, 앞서 본 바와 같이 윤명수는 자신의 시적 개성을 발현하는 창조적 원리로 적극 활용함으로써, 고도의 미학적 규준이자 고유한 창작기법으로 자리매김하고 있다. 물활적 상상력이 보다 과감하고 전면적으로 사용되고 있는 작품은 「까라」 「소주병의 항변」 「낙지의 하소연」 등이다. 이 작품들은 모두 일정한 유머감각에 의해 유도되고 있는데, 그것은 일차적으로는 시적 주체의 자리를 사물에게 양보한 것에서 기인한다. 이 중 단연 백미는 「까라」다. 이 작품은 물활론에 근거한 '감각의 전이'를 민중적 기복신앙의 모티프와 재치 있게 결합하고 있어 더욱 흥미롭다.

생모가지를 따줬다
발모가지도 잘라줬다
뱃살도 불판 위에 올려줬다
오장육부마저 다 빼줬다

저 기름기 자르르 흐르는 군상들 좀 봐, 내 마지막 자존인 대가리마저 가마솥에다 푹푹 삶아 고사상에 정중히 올려놓고 원치도 않는 뇌물을 한입 가득 물려주며 머리 조아리고 천연덕스럽게 청탁을 한다

아무런 사고도 없게 해달라구?
만복이 깃들게 해달라구?
떼돈이 굴러 들어오게 해달라구?

까라!

산 놈들이 죽은 놈 귓구멍 콧구멍까지 지폐를 꽂아가며 되지도 않는 억지를 부린다 참 염치도 없는 중생들이 어지간히

도 웃긴다

빼라!

숨 막혀 뒈지겠다

—「까라」 전문

이 작품은 시적 주체만이 아니라 화자마저 사물로 설정하고 있다. 그것은 다름 아닌, 고사상에 오른 '돼지(머리)'이다(이는 2연에서, '내'라는 1인칭시점의 사용에서 명확하게 드러나고 있다). 덧붙여 '돼지머리' 화자의 독백 내지 직접 진술을 시도함으로써 보다 선명한 시적 리얼리티를 획보하고 있다. '돼지머리' 화자의 직접적 언술을 듣는 독자 혹은 인간의 첫 번째 반응은, 관계의 역전에서 오는 '웃음'이다. 주지하듯 어떤, 위치의 전도는 희극적 원리의 가장 기본적인 요소이며, 우리는 이 점을 위 시에서 분명하게 확인할 수 있다. '돼지머리' 화자가 인간세계를 물끄러미 쳐다본다. 앞서 '칠성무당벌레'가 신탁을 주재하였듯이, 고사상에 오른 돼지머리에 부여된 엄연한 역할은 인간의 말을 신에게 가감 없이 전달하는 것이다. 돼지는 인간을 위해 이미 충분히 보시하였음에도, 탐욕스러운 인간은 돼지의 마지막 남은 자존심인 돼지머리마저 자신들의 구복(求福)을 위해다가 쓴다. 돼지가 보기에 "산 놈들이 죽은 놈"에게 내뱉는 온갖 기복의 말들은 "되지도 않는 억지"이고, 인간들은 그래서, "참 염치도 없는 중생들"이다. "어지간히도 웃"기는 존재들이다. 몸의 구멍마다 지폐를 꽂아 넣은 인간들을 향해 돼지가 마지막 일성을 토해낸다. "빼라! 숨 막혀 뒈지겠다". 신탁을 담당하는 사제(司祭)이자 불성(佛性) 또한 띠고 있는 돼지로서는 인간의 물욕(物慾)이 결코 탐탁지 않다. 처처불불이라는 불교적 깨달음 속에 돼지머리라고 예외를 둘 리 없다. 이외에 「민화 1」과 「민화 2」 역시 물활적 상상력에 기초한 역동적 생명력과 활력으로 충만해 있으며, 「알타리 총각들」의 경우 이를 민중적 모티프와 결합하여 성적(性的) 차원에까지 확장시켜놓은 신선하고 경쾌한 작품이라 하겠다.

기존 평자들이 이미 언급한 바와 같이, 윤명수 시의 장기이자 시적 개성의 일부는 민중적 삶에 대한 천착에 있다. 고영 시인은 시집 『청개구리가 뛴다』(2010)에 대해, "웃어야 사는 밑바닥 민초들의 질펀한 삶에 절로 흥이 날 것"이라며 "그것은 윤명수 시인이 이 시대 우리에게 주는 건강한 선물"이라 평했고, 이성혁 평론가는 "윤명수 시인은 민중의 삶이 펼쳐내는 슬픈 이야기 속에 내장되어 있는 낙관적인 요소를 들춰내는 힘을 가지고 있다"고 평가하면서 "윤명수 시에 나타나는 유머가 바로 그러한 생명력에 대한 낙관에서 비롯된다"고 해명한 바 있다. 필자 역시 이상의 평가에 동의하면서 윤명수 시의 민중적 상상력이 심화, 확장, 변주되고 있는 양상을 살피고자 한다. 윤명수 시에서 다양한 민중적, 민속적 모티프의 활용은 한국현대시사에서 백석이 선취한 시적 성과를 일정 부분 계승하고 것으로 보인다. 다음 시는 윤명수 시의 민중적, 민속적 모티프가 서사(敍事)적 요소와 결합되어, 유비적 상상력 속에서 가장 선명한 이미지로 구현된 예에 속한다. 「먹감나무 비밀」이다.

돌멩이를 집어 들고
영천할미네
잘 익은 감을 향해 힘껏 던졌다
눈먼 돌멩이가
하필이면 장독대에 떨어졌다
장독 깨지는 소리가 뇌성처럼 울렸다
냅다 줄행랑을 쳤다

아무런 영문도 모른 채
때마침 감나무 밑을 어슬렁거리던
폐병쟁이 석철이가
영천할미에게 붙잡혀 대신 치도곤이 났다
그 모습을 훔쳐보며

나는 키득거리며 웃었다

코밑이 새까매질 무렵
폐병쟁이 석철이가 죽었다는 소문을 들었다
미안한 마음이
멀리 도회지까지 두고두고 따라다녔다

지천명을 앞둔 어느 가을날
고향집 골목을 걷고 있는데
누군가 뒤에서 부르는 소리가 나는 것 같아 돌아보니
지난날 네가 무슨 짓을 했는지 아느냐는 듯
먹감나무가 홍시 하나를 툭,
발밑으로 떨어트렸다

폐병쟁이 석철이의 각혈이었다

—「먹감나무 비밀」 전문

이 시는 우선 유년 시절의 추억을 환기한다. 그 추억 속으로 작은 사건 하나가 떠오른다. 1, 2연은 바로 과거 사건에 대한 진술에 해당한다. 3연은 사건이 일어난 과거로부터 어느 정도 시간이 흐른 시점의, 화자의 성년기에 해당하는 시간이 속해 있다. 그리고 그 시간에는 사건에 억울하게 연루된 '석철이'의 죽음이 드리워져 있다. 4연은 시간적으로 화자의 장년기에 해당하는, 쉰 살 무렵의 가까운 과거의 새로운 사건을 다루고 있다. 마지막 5연은 시적 이미지가 응축되고 있는, 그리고 어쩌면 이 작품을 '비로소' 시(詩)로서 탄생하게 하는 매우 밀도 높은 유비적(類比的) 사유를 보여준다. 사건을 요약하면 다음과 같다. 〈1. 영천할미네 감을 향해 내가 던진 돌멩이가 잘못하여 장독을 깨고 말았다. 2. 우연히 감나무 밑을 지나던 친구, 폐병쟁이 석철이가 내 대신 억울하게 누명을 썼다. 3. 고향을 떠나 도시에 살던 어느 날, 나는 석철이가 죽었다는 소식을 듣고 미안함을 느낀다. 4. 쉰 언저리, 고향 골목을 걷는데, 먹감나무 홍시 하나가 발밑으로 떨어진다. 5. 불현듯 나는 그것을 '폐병쟁이 석철이의 각혈'이라고 생각한다.〉

이 작품에서도 물활적 상상력은 여지없이 동원되고 있는데, 4연에서 "먹감나무가…… 떨어뜨렸다"라고 그 서술의 주체를 분명하게 표현하고 있기 때문이다. 먹감나무는 골목길 뒤에서 나를 부르고 있고, 지난날 내가 무슨 짓을 했는지도 빤히 알고 있는 눈치다. 홍시의 선홍빛 이미지는 석철이의 각혈을 선연하게 떠오르게 함으로써, 시적 긴장을 최고조에 이르게 한다. 동시에 앞선, 평범한 서사적 진술들을 시적인 것으로 승화시킨다. 그것은 유비적 사고에 기인하는 것이다. 주지하듯 유비(analogy)의 개념은, "두 개의 사물이 몇몇 성질이나 관계를 공통으로 가지며, 또 한쪽의 사물이 어떤 성질이나 관계를 가질 경우, 다른 사물도 그와 같은 성질이나 관계를 가질 것이라고 추리하는 일"*로 정의된다. 이는 서두에서 언급한 바 있는 관계론적 사고의 일종으로, 시적 사유의 한 특징을 이룬다. 또한 이 글에서 중요한 논거로 사용된 물활론과도 밀접한 연관성을 갖는다. 논리적으로 '홍시'와 '각혈'은 사실 아무런 연관성도 갖지 않는다. 그러나 아무런 관련이 없는 사물들 사이에 현상적, 표면적 논리를 넘어서 시적 논리와 내면적 질서를 부여하는 것이 바로 시적 사유이며 상상력이다. 여기에서 유비적 사고는 죽은 사물들 사이의 은폐된 관계를 복원시키고 존재의 내밀한 빛을 세계에 개현(開顯)하는 강력한 전복적 힘이 아닐 수 없다. 파괴되었던 사물과 인간 사이의 내적 동질성이 다시금 회복된다. 「별똥별」 역시 우주와의 교감을 통해, 유성(流星)의 낙하가 인간적 사태에 개입되고 있다는 유비적 사고의 전형을 보여주는 작품으로 볼 수 있을 것이다. 윤명수 시에 내재된 민중적 해학과 낙천성이 유감없이 발휘되고 있는

---

* 『고려대 한국어대사전』(고려대 민족문화연구원, 2009), '유비(類比)' 항목 참고. 유비적 사고의 가장 중요한 특징은 사물간의 동일성 내지 유사성의 확인이다. 이는 시에서 비유(比喩)의 핵심적 원리라 할 수 있는, '유사성과 차이'와도 직접적으로 관련된다.

작품은 아마도 「단속」일 것이다.

아야 에미다 글시 말이다 간밤에 그 뭐시여 웬 후레잡놈이 들어서는 느그들한테 줄라고 챙겨둔 고추하고 마늘하고 참깨까지 몽땅 털어가 부렀다야 어느 육실할 놈인지 붙잡아 발모가지를 댕강 뿐질러 버렸으면 속이라도 쪼까 풀릴랑가 모르것다 헌데 저놈의 개새끼는 도둑놈한태 뭘 얻어 처먹고 짖지도 않았는지 모르것다 어째 꿀 먹은 벙충이처럼 입 다물고 있는 걸 보니 아마 한통속인 갭이다 내 저놈의 개새끼를 당장 끌고 가 된장이나 처발라야 쓰것다 내가 어찌 지은 농사인데 참말로 환장해 미쳐불것다 그러니 반찬거리 안 보내준다고 섭섭타 말고 그리 알거라 그나저나 뒷집 영감탱이는 뭣하러 자꾸 불러 쌌는지 모르것다 아야 이만 전화 끊어야것다 바뿌다 암튼 거시기 단속 잘하고 생활비만은 제날짜에 째각째각 보내라잉

—「단속」 전문

시어머니가 며느리에게 전화한 통화 내용을 그대로 옮겨놓고 있는 이 작품은, 자식들이 보내주는 생활비와 교환되어야 할 농산물을 도둑맞는 바람에 난처해진 시어머니의 속내를 유머러스하게 표현하고 있다. 우선 걸쭉한 사투리 입담의 사용으로 민중적 현장성을 생생하게 재현

해내는 데 이 시는 성공하고 있다. 그리고 애꿎게 비난의 화살을 받게 된 '개새끼'를 도둑과 결탁한 것으로 파악함으로써 자연스레 웃음을 유발한다. 개를 희생양 삼아 시어머니는 자식들의 원망을 면하게 되었다. 아마도 혼자 살고 있는 시어머니가, 자꾸 보채는 "뒷집 영감탱이"를 언급함으로써 독자는 두 사람 사이의 모종의 관계를 상상해 보는 재미도 덤으로 얻는다. 그것은 물론, 뒤에 이어지는 '단속'이라는 단어의 뉘앙스가 유발시키는 언어적 긴장과 연상 효과 때문이다. 이 시의 백미는 단연 "생활비만은 제 날짜에 째깍째깍 보내라잉"이라는 시어머니의 당부와 주문이다. 시어머니의 요구가 너무 당당하고 노골적이어서 며느리 입장에서 도리어 민망할지도 모르겠지만, 그게 나날의 일상을 꾸려가는 보통의 사람들의 솔직한 속내고 진솔한 모습이기도 하다. 그러니 이를 딱히 비난할 일도 아니다. 그것이 민중들의 평균적 일상에 보다 가깝다. 이 시에서 우리는 민중의 건강한 생명력과 함께 투박하지만 거칠 것 없는 그들의 낙천성을 다시금 확인하게 된다.

윤명수 시는 한편으로, 가족과 사회적 소수자들에 대한 염려와 배려의 시선을 일관되게 보내고 있음을 알 수 있다. 가족을 소재로 한 시에는 어머니를 중심으로, 아버지에 대한 애증과 양가감정을 표현한 시도 발견된다. 이번 시집에서 상대적으로 어머니를 소재로 한 시편들이 많이

수록되어 있는데, 「호박꽃」「애기똥풀꽃에 대한 보고서」「상수리나무 어머니」가 그것들이다. 시인은 아마도 어머니에 대해 애틋함을 넘어, 어떤 아주 특별한 감정을 갖고 있는 것 같다. 「애기똥풀꽃에 대한 보고서」는 시인의 실제 모친을 모델로 하고 있는 듯한데, 병상에 누운 어머니의 말년과 돌아가신 후 화자의 심경을 조심스럽게 표현하고 있다.

> 성묘하기엔 너무 맑아서 슬픈 날,
>
> 어머니 무덤가에 무더기로 피어 있는 꽃들을 보았다 이승에서 피우지 못한 꽃이 마음에 걸렸는가 노오란 알약 같은 애기똥풀꽃이 어머니 눈동자를 닮았다 행여 꽃을 밟을까 발걸음이 조심스러웠다
>
> —「애기똥풀꽃에 대한 보고서」 부분

어머니를 소재로 한 시들이 다소 관조적이고 차분하게 가라앉아 있는 반면에, 「부대찌개」와 더불어 거의 유일하게 아버지를 소재로 하고 있는 「참 힘도 좋은 아버지」는 화자의 복잡한 심경을 가감 없이 드러내고 있는 것으로 보인다. 물론 지배적인 시의 정조는 그리움과 연민이지만, 제목에서 드러나듯 그것은 원망과 비난, 증오 등이 뒤섞인 역설적이고 반어적인 뜻을 함축하고 있다. '가족됨'

이란 필연적으로 영광과 함께 비참을 동반한다.

벼 한 섬을 짊어지고도 끄떡없던 **아버지** 죄 없는 누렁개를 맨손으로 때려잡던 **참 힘도 좋은 아버지** 십 남매를 두고도 집 밖에 자식이 있던 **참 힘도 좋은 아버지** 말술을 마시고도 자전거를 들쳐 업고 집으로 오던 **참 힘도 좋은 아버지** 밥 한 술 뜨기 위해 상을 두 번이나 차리게 하던 **아버지** 수라상을 비행접시처럼 하늘로 쏘아 올리던 **참 힘도 좋은 아버지** 식솔들 가슴에 쇠말뚝을 박던 **아버지** 허울뿐인 종손으로 한평생을 견디던 **참 힘도 좋은 아버지** 무덤 속에 들어앉아서도 불뚝불뚝 성을 내는 **참 힘도 좋은 아버지**

—「참 힘도 좋은 아버지」 전문

힘이 장사였던 아버지는 유년의 화자에게 분명 경외와 부러움의 대상이었을 것이다. 하지만 시의 전반부와 달리 후반부는 아버지에 대해 불쾌했던 기억들과 부정적 진술들로 채워지고 있다. 아버지는 외도를 했으며, 가족들에게 폭력을 행사하기도 했고, 치명적인 상처를 안기기도 했다. 아버지는 또 어떤 면에서 겉만 번듯한 속 빈 강정이기도 했다. 그리고 작고하시고도 자식들의 마음에 여전히 그림자를 드리우고 있다. 시인의 개인사를 확인할 수는 없으나, 분명한 것은 아버지에 대한 화자의 감정이 양가

적이라는 사실이다. 양가감정은 양립할 수 없는 모순된 감정이 함께 공존하는 것을 말한다. 과거 한국사회의 일반적인 아버지의 모습은 권위적 정치체계와 맞물려 권위적 얼굴을 띠고 있는 것이 지배적이었다. 가족 내에서 민주적인 의사소통보다는 가부장의 권위에 따라 일방적으로 의사가 결정되곤 하였다. 그리고 수직적이고 폭력적인 의사소통의 구조는 결국 구성원들의 몸과 마음에 어떤 식으로든 생채기를 남기게 마련이다. 따라서 이 시에 진술된 화자의 아버지에 대한 양가감정은 개인에 국한되기보다는 화자의 동년배들에게는 어느 정도 일반적이고 보편적인 호소력을 지니는 세대감각에 가까운 것으로 보인다. 시인의 사적(私的) 진술이 개인적 관심을 넘어, 공적(公的) 기록으로서 불가피하게 갖게 되는 사회적이고 역사적인 의미는 바로 여기에 있다 할 것이다.

시인은 사회적으로 소외된 소수자와 약자들에 대한 지속적인 관심과 따뜻한 배려의 눈길 또한 거두지 않는다. 「철없이 피운 배추꽃—미혼모 서영에게 바침」「난곡동」「하루」「소란」 등이 대표적이다. 이중 철거민을 소재로 하고 있는 「소란」의 경우, 윤명수 시 특유의 물활적 상상력을 바탕으로 유비적 사유에 따른 시상(詩想)을 전개하고 있어 주목된다. 가령 "매미들이 보증금을 빼달라고 독촉"을 하고, "오목눈이는 실성한 새처럼 오열"을 한다. 동시에 "울분을 참다못한 당산나무가 붉은 눈물을 뚝뚝 떨어뜨"렸고, "밤새 넋을 애도하던 개골창 무당개구리의 절규가 하늘을 뒤덮"는다. 이는 인간사와 자연사가 함께 생명공동체를 구성하고 있는 유기적 연관성을 갖는다는 유비적 사고, 유기체적 세계관의 일환으로 볼 수 있을 것이다.

글을 마무리하면서, 윤명수의 시가 고정된 율격을 배치하여 이를 기계적으로 반복하거나, 관습적 진술과 상투적 이미지에 고착되어 시의 격(格)을 떨어뜨리고 있는 곳이 간혹 눈에 띈다. 시집의 전반부에 비해 후반부에서 태작들이 발견되고 있는 것도 마음에 걸리는 부분이다. 하지만 이와 같은 걱정은 윤명수 시가 평균적 완성도를 훨씬 뛰어넘는 예술적 성취를 이루고 있음에 기인한 기우에 지나지 않는다. 시집을 읽는 동안 그의 시가 나의 기대치를 한껏 높여놓았기 때문이다.

문학의전당 시인선 158

고정관념이 개똥벌레에게 끼치는 영향

초판 1쇄 인쇄 2013년 6월 7일
초판 1쇄 발행 2013년 6월 14일
지은이 윤명수
펴낸이 김석봉
책임편집 이현호
디자인 조동욱
펴낸곳 문학의전당
출판등록 제311-2012-000043호
주소 서울시 은평구 연서로11길 7-5 401호
편집실 서울시 마포구 공덕2동 404 풍림VIP빌딩 413호
전화 02-852-1977
팩스 02-852-1978
블로그 http://blog.naver.com/mhjd2003
전자우편 sbpoem@naver.com

ISBN 978-89-98096-33-5 03810